Primul Dicționar cu Imagini
Animale

First Picture Dictionary
Animals

Porc
Pig

Iepure
Rabbit

Fluture
Butterfly

Vulpe
Fox

Ilustrat de Anna Ivanir

www.kidkiddos.com
Copyright ©2024 by KidKiddos Books Ltd.
support@kidkiddos.com

All rights reserved. No part of this book may be reproduced in any form or by any electronic or mechanical means, including information storage and retrieval systems, without written permission from the publisher, except in the case of a reviewer, who may quote brief passages embodied in critical articles or in a review.
First edition, 2025

Library and Archives Canada Cataloguing in Publication
First Picture Dictionary - Animals (Romanian English Bilingual edition)
ISBN: 978-1-83416-735-0 paperback
ISBN: 978-1-83416-736-7 hardcover
ISBN: 978-1-83416-734-3 eBook

Animale Sălbatice
Wild Animals

Leu
Lion

Tigru
Tiger

Girafă
Giraffe

✦ *O girafă este cel mai înalt animal de pe uscat.*
✦ A giraffe is the tallest animal on land.

Elefant
Elephant

Maimuță
Monkey

Animale Sălbatice
Wild Animals

Hipopotam
Hippopotamus

Panda
Panda

Vulpe
Fox

Rinocer
Rhino

Cerb
Deer

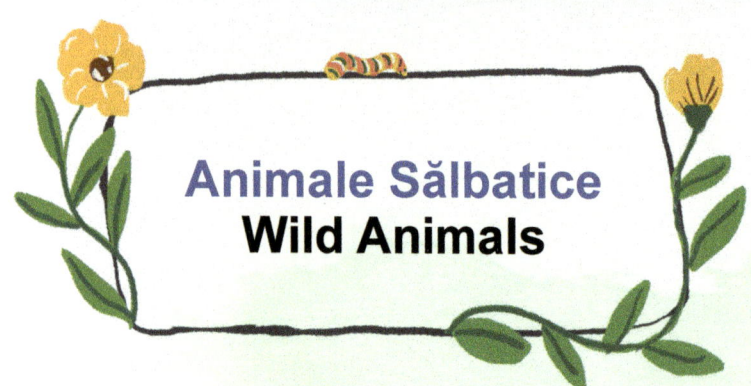

Elan
Moose

Lup
Wolf

✦ *Un elan este un înotător excelent și poate să se scufunde pentru a mânca plante!*

✦ A moose is a great swimmer and can dive underwater to eat plants!

Veveriță
Squirrel

Koala
Koala

✦ *O veveriță ascunde nuci pentru iarnă, dar uneori uită unde le-a pus!*

✦ A squirrel hides nuts for winter, but sometimes forgets where it put them!

Gorilă
Gorilla

Animale de Companie
Pets

Canar
Canary

✦ *O broască poate respira atât prin piele, cât și prin plămâni!*
✦ *A frog can breathe through its skin as well as its lungs!*

Porcușor de Guineea
Guinea Pig

Broască
Frog

Hamster
Hamster

Peștișor auriu
Goldfish

Câine
Dog

✦ *Unii papagali pot imita cuvinte și chiar râd ca un om!*
✦ *Some parrots can copy words and even laugh like a human!*

Pisică
Cat

Papagal
Parrot

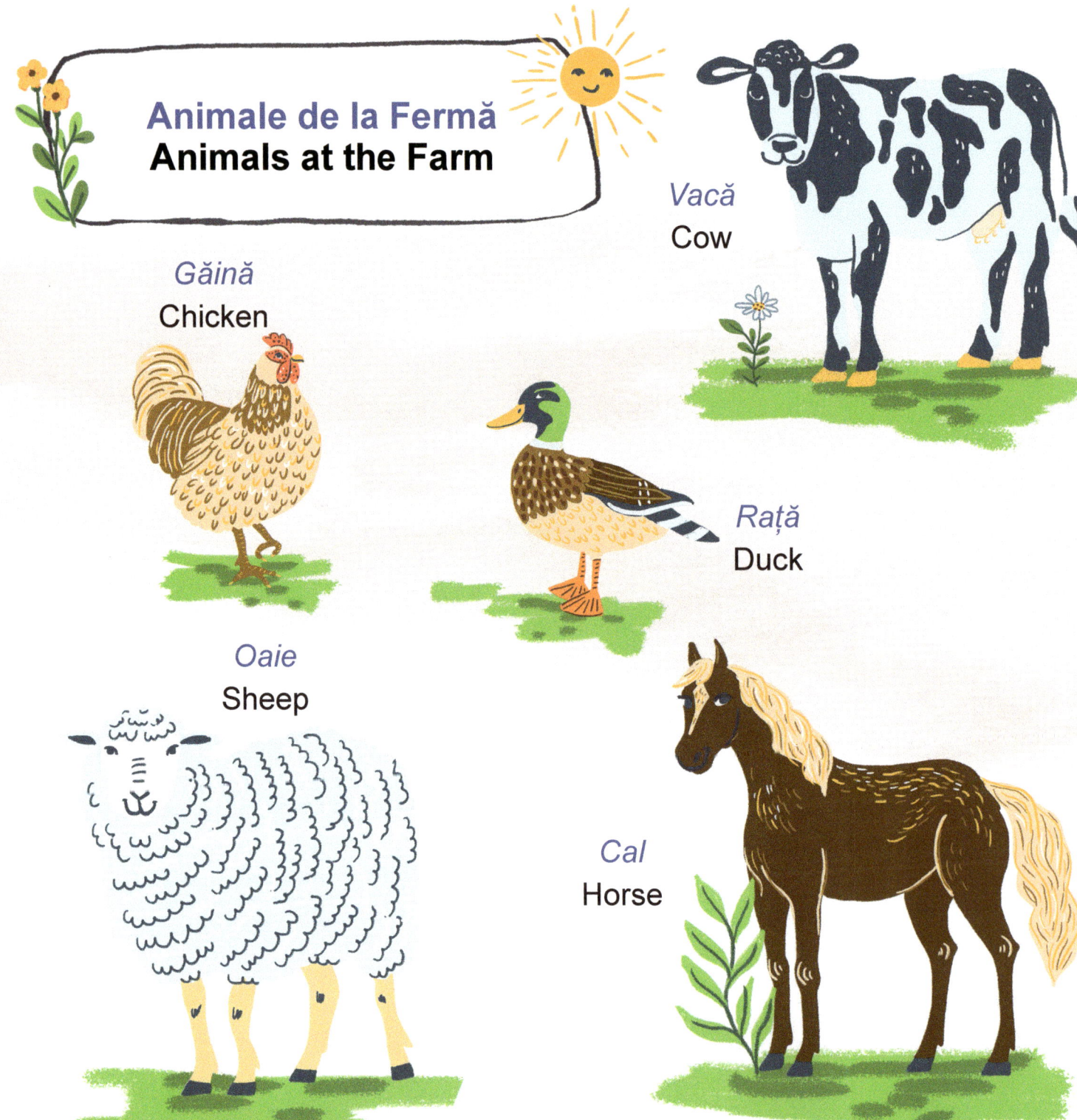

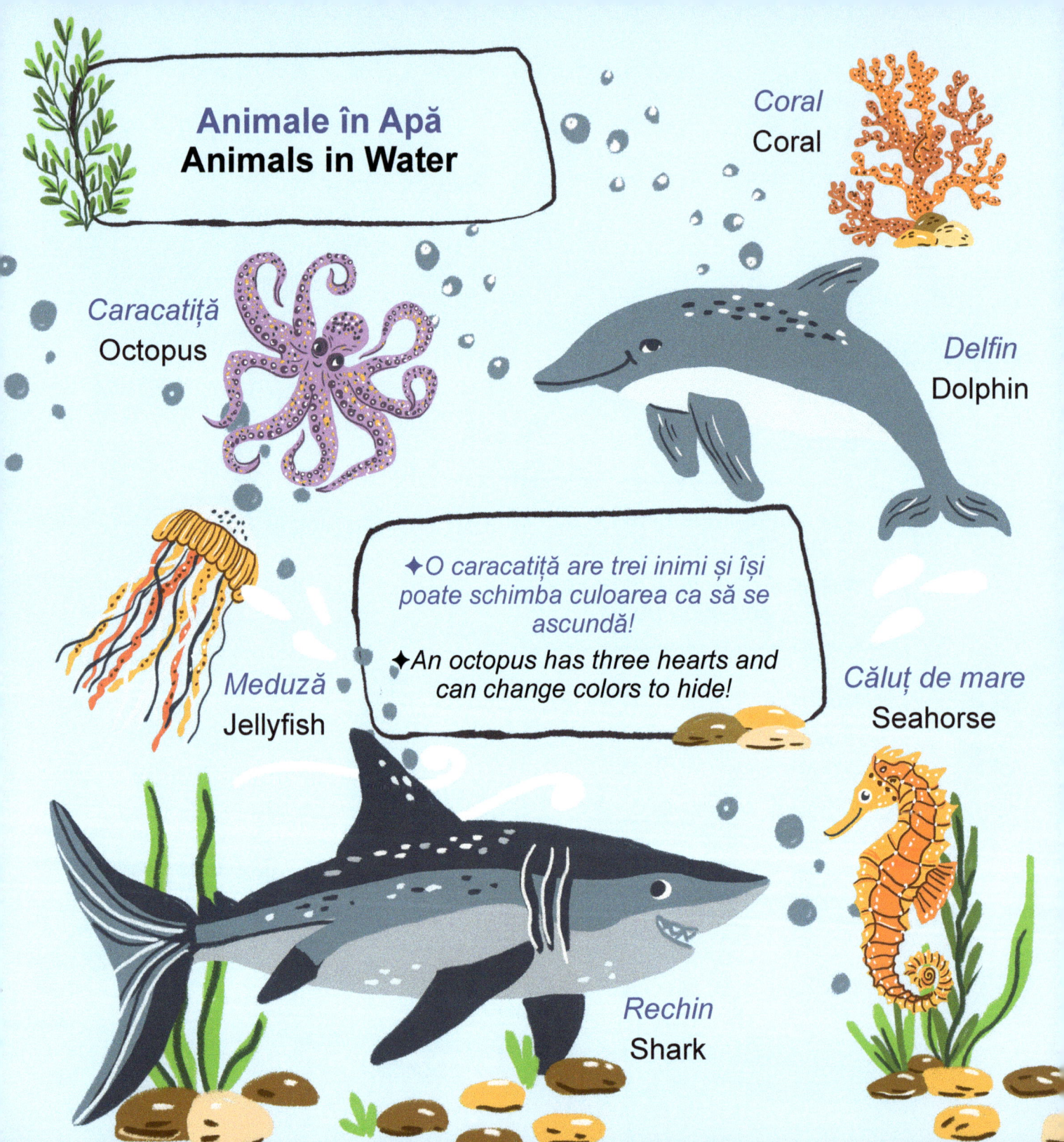

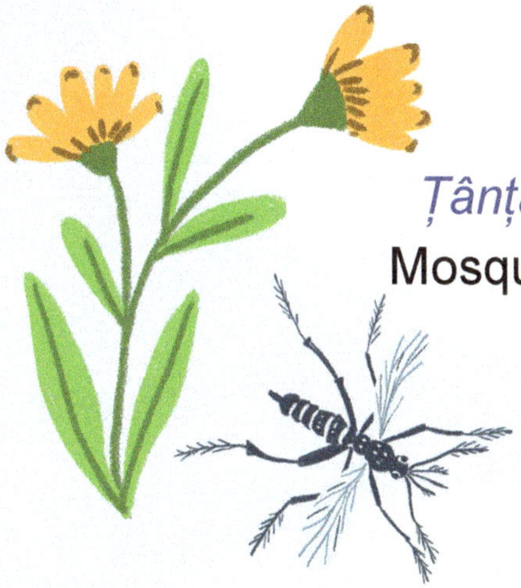

Țânțar
Mosquito

Libelulă
Dragonfly

✦ O libelulă a fost unul dintre primele insecte de pe Pământ, chiar înaintea dinozaurilor!

✦ A dragonfly was one of the first insects on Earth, even before dinosaurs!

Albină
Bee

Fluture
Butterfly

Buburuză
Ladybug

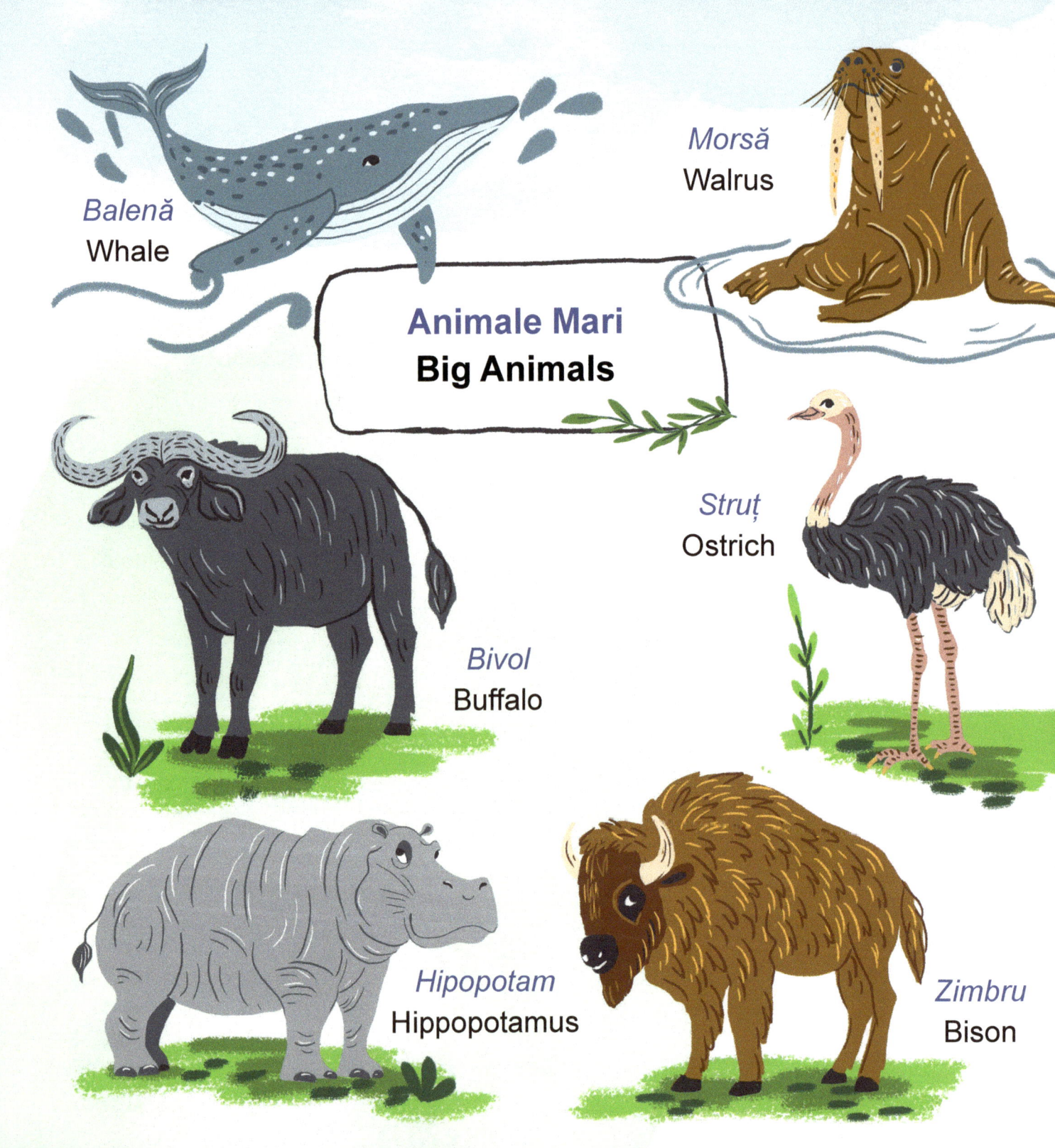

Animale Mici
Small Animals

Cameleon
Chameleon

Păianjen
Spider

✦ *Un struț este cea mai mare pasăre, dar nu poate zbura!*
✦ An ostrich is the biggest bird, but it cannot fly!

Albină
Bee

✦ *Un melc își poartă casa pe spate și se mișcă foarte încet.*
✦ A snail carries its home on its back and moves very slowly.

Melc
Snail

Șoarece
Mouse

Animale Liniștite
Quiet Animals

Buburuză
Ladybug

Broască țestoasă
Turtle

✦ *O broască țestoasă poate trăi atât pe uscat, cât și în apă.*
✦ A turtle can live both on land and in water.

Pește
Fish

Șopârlă
Lizard

Bufniță
Owl

Liliac
Bat

✦ *Un licurici luminează noaptea pentru a găsi alți licurici.*
✦ A firefly glows at night to find other fireflies.

✦ *O bufniță vânează noaptea și își folosește auzul pentru a găsi hrană!*
✦ An owl hunts at night and uses its hearing to find food!

Raton
Raccoon

Tarantulă
Tarantula

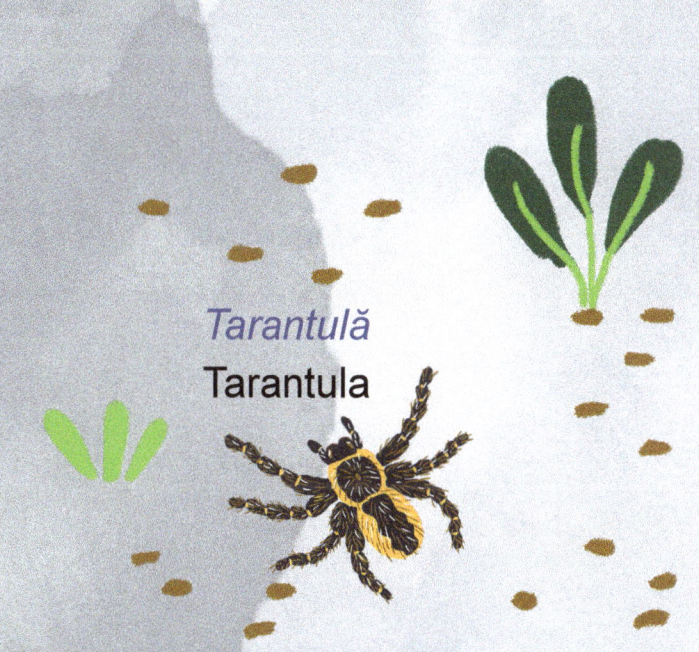

Animale Colorate
Colorful Animals

Un flamingo este roz
A flamingo is pink

O bufniță este maro
An owl is brown

O lebădă este albă
A swan is white

O caracatiță este violet
An octopus is purple

O broască este verde
A frog is green

✦ *O broască este verde, așa că se poate ascunde printre frunze.*
✦ A frog is green, so it can hide among the leaves.

Animale și Puii Lor
Animals and Their Babies

Vacă și Vițel
Cow and Calf

Pisică și Pisoi
Cat and Kitten

Găină și Pui
Chicken and Chick

✦ *Un pui vorbește cu mama lui chiar înainte să iasă din ou.*
✦ A chick talks to its mother even before it hatches.

Câine și Cățeluș
Dog and Puppy

Fluture și Omidă
Butterfly and Caterpillar

Oaie și Miel
Sheep and Lamb

Cal și Mânz
Horse and Foal

Porc și Purcel
Pig and Piglet

Capră și Ied
Goat and Kid

www.ingramcontent.com/pod-product-compliance
Lightning Source LLC
LaVergne TN
LVHW072102060526
838200LV00061B/4794